「『外国人』って、だれのこと?」

文・高橋秀雄／田中ひろし　絵・荒賀賢二

始業式の日、
サラちゃんは、
家に帰るやママに

ねーねー、
ママ、今度、
クラスに
入ってきた
男の子、ペルー人
なんだって。
日本語、
話せないみたい
なんだ。

あら、そうなの。
そういえば、となりの
クラスにはドイツ人の
男の子がいたわ
よね。

あ、ケントくんね。
両親ともドイツ人
だけれど、話し方は
まったく変じゃ
ないよ。

そんなことがあってから、日曜日の夕食後。
サラちゃんの「変じゃない」という言葉が気になっていたママが、
パパと相談して、サラちゃんにだいじな話をすることにします。

1

ね、サラちゃん。あなたも大きくなったから、わかっているほうがいいと思って……話すわ。

サラちゃんは、なんだろうと不安そう。

ひいおじいちゃん
一平（いっぺい）

ひいおばあちゃん
美麗（みれい）

あなたが生まれる前に亡（な）くなっちゃったママのおばあちゃんは、サラちゃんにとっては、ひいおばあちゃんね。中国人なのよ。ママのおじいちゃんは日本人だけれど、両親ともに戦争（せんそう）で死んでしまっていたので、中国人に育てられたの。だから、日本人でも日本語はほとんど話せなかったんだって。

おじいちゃん

おばあちゃん
愛（あい）

パパ

ママ

え！ サラのひいおじいちゃんとひいおばあちゃんが？ その両親って？ よくわかんない

と、きょとんとしていたサラちゃん。すると、パパが話を続（つづ）けました。

日本が中国の東北部を占領していた
時代があることは、サラも知っているだろ。
そのころ、たくさんの日本人が中国にいたんだよ。
戦争が終わってしばらくして、中国人の奥さん
〜 ママのおばあちゃんで、サラのひいおばあちゃんで 〜
名前は美麗さんというんだけれど、ひいおじいちゃんと
いっしょに、日本にもどってきたんだよ。
でもね、日本に来てからが、とても
大変だったんだって。

一平　　　美麗

なにが？
ひいおじいちゃんは
日本人なんでしょ。
名前は？

と、サラちゃんがいうと、

名前は一平よ。
一平さんは、「日本人
なのに、日本語が話せない
なんて変じゃない？」
っていわれて……。

このあとママは、
ママのおばあちゃんから
聞いたという一平さんと
美麗さんの話をします。

3

美麗さんはある日、一平さんのどなり声を聞いた。
中国語だった。その声の方向に、車が一台走りさっていくのを見た。
一平さんが家に帰ってきた。でも、美麗さんになにも話さなかった。

次の朝、一平さんが美麗さんをつれて、自治会の会長さんのところへいった。
「カイチョさんに、オネガイ、あります」と。
会長さんは、しばらく一平さんの話を聞いていたが、
首をかしげながら、
「娘さんの愛ちゃんを連れてきてくださいませんか」といった。

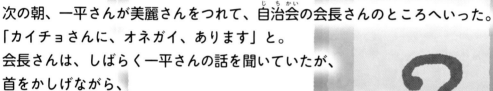

一平さんは、しかたなく愛ちゃんが
小学校から帰ってくるのを待って、
再び3人で会長さんのところへ。

4

一平さんの自転車がこわされたという話をした。
きのう、一平さんがどなり声をあげた理由がわかった。逃げるように去っていった車には、
事故の相手が乗っていたことを、美麗さんもそのときはじめて知った。

そして、その人が車をバックさせようとして、
一平さんがとめておいた自転車にぶつけて
ぺちゃんこにしたことも。

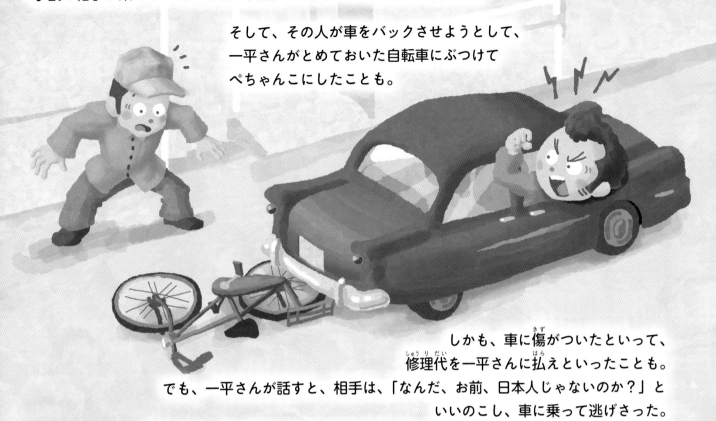

しかも、車に傷がついたといって、
修理代を一平さんに払えといったことも。
でも、一平さんが話すと、相手は、「なんだ、お前、日本人じゃないのか？」と
いいのこし、車に乗って逃げさった。
一平さんは、車のうしろから大きな声で「ウォ　シー　リーベンレン」とさけんだ。
会長さんが愛ちゃんに「今、なんていったの？　通訳して」といったので、
「わたしは日本人だ」といったと伝えた。

信じられない。
ぶつけられたのに、
どうしてお金を
出さなきゃ
いけないの？

そう思いながら、愛ちゃんは
一平さんの話を会長さんに
なんとか伝えようとした。

ようやくすべての事情が
わかった美麗さんは、

主人は、
日本人……。
もしわたしと同じ中国人
だったら、中国人を
バカにして、って
いいかえした……。

と、悲しい顔をした。

一平さんと美麗さん、愛さんの話は、もう昔のことだね。でも、日本に来ている外国人が日本人からバカにされたり、無視されたり、人権を侵害されることは、今でもたくさんあるみたいだよ。

と、パパ。

一平さんは、中国で中国人に育てられたので、日本語をうまく話せなかったのね。

サラちゃんのお友だちのケントくんは、両親ともドイツ人だけど、話す言葉は日本語よね。でも、新入生のペルーの子は、まだ日本語が話せないのね。ママは、サラちゃんが『変じゃない』といったのを聞いて思ったの。サラちゃんは、なにも悪気がなくいったのだけど、『変じゃない』なんていってはいけないわ。

わかった。わたし、注意するからだいじょうぶ。

と、サラちゃん。

でも最近、どんどん外国人を見かけるようになったよね。ちょっと見ただけで、外国の人だとわかる人もいるけれど、日本人と顔つきも服装もまったく同じような外国人もいるよね。どうやって見わけたらいいのかなぁー。

とパパがいうと、すかさずママ。

見わける必要があるのかしら？

そうよそうよ、ケントくんもペルーの子も、わたしたちもみんな同じ。一平さんも美麗さんもみんな日本でくらしているってことでしょ。

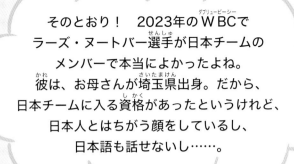

そのとおり！ 2023年のＷBCで
ラーズ・ヌートバー選手が日本チームの
メンバーで本当によかったよね。
彼は、お母さんが埼玉県出身。だから、
日本チームに入る資格があったというけれど、
日本人とはちがう顔をしているし、
日本語も話せないし……。

と、パパはしばらくぶつぶつ
ひとりごとのようにいっていました。

そんなパパをよそに、
サラちゃんとママは、
・外国人ってどういう人？
・そもそも国民って、どういうこと？
・「移民」「難民」という言葉があるけれど、
　どういう人のこと？
などを話していた。
ママが、サラちゃんに聞いた。
「ひいおばあちゃんが中国人だとわかって、
どう思った？」
するとサラちゃんは、
「え、なんとも思わないよ」
と、いったのだが……。

はじめに

「『外国人』って、だれのこと？」というお話をどう感じましたか？　主題はなんだと思いますか？
　お話のなかに「ママは、サラちゃんが『変じゃない』といったのを聞いて思ったの」「サラちゃんは、なにも悪気がなくいったのだけど、『変じゃない』なんていってはいけないわ」というママのセリフがありました。じつは、ぼくたちは、これらの言葉をとおして、日本人が外国人を差別してきたことを考えてほしい、また、下に示すことも考えてほしいと思っています。

・そもそも日本人とは、どういう人？
・外国人とは、どういう人をさすの？
・日本人と外国人とをわけるものは、言葉なのか？　顔つきなのか？

　もとより「人権」とは、「自分らしく生きる権利」のことだといわれています。でも、外国人にとって、「自分らしく生きる」って、どういうことなのでしょうか？
　それは、「外国人の人権」は、外国人らしく生きる権利ではなく、「日本人と同じように自分らしく生きる権利」、すなわち、人権があるということなのです。このことについては、みなさんといっしょに本文で考えていきたいと思いますが、ここで一言だけ示しておきます。それは、「（外国）人の人権（「外国」という文字を取った人の人権）」です！
　日本の政府は、次のようにいっています。
　「今日、我が国に在留する外国人は長期的には増加傾向にあります。こうした中、言語、宗教、文化、習慣等の違いから、外国人をめぐって様々な人権問題が発生しています。例えば、外国人であることを理由に、アパートへの入居を拒否されたり、サービスの提供を拒否されたりするといった事案が生じています。」(法務省ホームページ「外国人の人権を尊重しましょう」より)

　近年、学校でも人権学習がさかんにおこなわれています。そこでぼくたちは、みなさんの人権学習を少しでも応援したいという願いから、このシリーズをつくりました。

①そもそも人権って、なに？　　　無視じゃない！
②子どもにだって人権はある！　　ぼくもヤングケアラー？
③考えよう！　障がい者の人権　　マリア先生は宇宙人？
④年をとると人権が少なくなるの？　　オムツなんていやですからね
⑤女性の人権問題とは？　　人権問題？　おおげさじゃないの？
⑥外国人の人権って？　　「外国人」って、だれのこと？

それでは、この6巻で、人権についてしっかり学んでいきましょう。

子どもジャーナリスト
Journalist for Children　稲葉茂勝

もくじ

●絵本で考えよう！「『外国人』って、だれのこと?」 ………………1

●はじめに ………………………………………………8

❶外国人って、どういう人? ……………………………10

●国土・国民・政府 ……………………………………12

❷移民とは ………………………………………………14

●先住民族とは …………………………………………16

❸世界の日本人移民 ……………………………………17

❹難民って、どういうこと? …………………………19

●長い歴史をもつ難民問題 ……………………………21

❺難民の受けいれ義務 …………………………………22

❻日本に来ている外国人の人権問題 …………………24

●わたしたちが考えなければならないこと …………26

❼文化・習慣・宗教のちがい …………………………28

●渡邉優から子どもとおとなの方へもう一言 ………29

●用語解説 ………………………………………………30

●さくいん ………………………………………………31

1 外国人って、どういう人？

「外国人」という言葉は、小学生向けの国語辞典では「外国の人」とあります。でも、よくわかりません。外国には日本人もいます。日本にも外国の人がいます。では、「外国人」とは？

「外国人」とは

「外国人」を『広辞苑』という大きな辞書で引いてみると、次のようにのっています。

①他の国家の人民。異国の人。

②日本の国籍を有しない人。

　また、日本では「国籍法*」という法律にしたがって、「日本国籍（日本の国籍）」をもたない人を「外国人」だといっています。ところが「日本国籍をもたない人」について、わざわざ「外国籍（外国の国籍）」をもっている人だけでなく、「無国籍者（どこの国の国籍ももっていない人）」もふくまれると説明しています。

もっとくわしく

無国籍者

世界人権宣言第15条には、「すべて人は、国籍をもつ権利を有する」と書かれているが、さまざまな理由により、国籍を取得できない人＝「無国籍者」が世界中に存在する。ほとんどの国では、国内で生まれると、ほぼ自動的にその国の、または親の国籍をもつことになる。だが、世界には国籍をもたず、どの国からも国民としてみとめられていない人たちが推計1000万人もいるという（UNHCR→p30の2017年の統計）。

出典：『広辞苑 第七版』（岩波書店）

出典：『例解小学国語辞典 第七版』（三省堂）

---

*日本の国籍の取得、および喪失に関して規定した法律。1899年公布、1950年に全面改正。

そもそも「国民」とは？

左ページにあるとおり「外国人」は「日本国籍をもたない人」のこと。日本の「国民」というのは、「日本国籍をもつ人」です。

ところが日本では、日本国籍をもっている（取得した）としても、外国人は外国人だと考えてしまう人もいます。でも、「日本国籍を取得した外国の人」は、日本の国民なのです。

もっとくわしく

国籍

現在の国際社会では、どの範囲の人を国民としてみとめるかは、それぞれの国で決めることになっている。日本は、人がその国の人であると証明するものを「国籍」と定め、国籍がある人を日本の国民としてみとめている。なお、原則として世界中のすべての人が、どこかの国の国籍をもっていることになっている。ただし、さまざまな理由で「無国籍」の人びとも多く存在する。

生まれや育ちは十人十色。どの国で生まれ、育ったかなどは、本来外見で判断できることではないのだ。

日本国籍の取得

日本国籍を取得するには、出生、届出、帰化の3つの方法があります。

- 出生：①出生時に父または母が日本国民であるとき。
  ②出生前に死亡した父が、死亡時に日本国民であったとき。
  ③日本で生まれ、父母がともに不明のとき、または無国籍のとき。
- 届出：要件を満たす人が、法務大臣に対して「届出」をすることによって、日本国籍が取得できる。
- 帰化：日本国籍の取得を希望する外国人に対し、法務大臣が許可することで日本国籍が取得できる。

なお、その人の国籍は、「パスポート」で証明されることになっています。また「ビザ」とよばれる、在留資格をもつ外国人に発行される入国許可証によってもわかります。

もっとくわしく

「パスポート」と「ビザ」

パスポートとは、各国の政府が発行する、「この人は自国民である」ことを証明する身分証明書。日本人が海外へいく場合、パスポートは日本国民であることを証明するものであるため、常に携帯することが義務づけられている。

ビザ（査証）は、渡航先の国が発行する「入国してもいい」という「入国許可証」のようなもの。通常は、パスポートへのスタンプやステッカーでそれをあらわす。ビザには、観光・商用・就労・留学など、目的によっていくつもの種類がある。

パスポート（左）と、パスポートにおされたスタンプ（ビザ）。

国土・国民・政府

国際社会では、ふつう①土地（国土・領土）があって、②そこに住む人びと（国民）がいて、③国民を代表し、ほかの国にしたがわない政府（主権）があれば、「国（国家）」としてみとめられています。

そもそも国（国家）とは

「国」と「国家」という言葉について、日本ではあまり区別せずにつかっていますが、くわしくは次のようにいわれています。

- 国：その土地の歴史や風土、文化、慣習、人種や民族、言語、政治、産業などをふくめて考えた共同体。
- 国家：主権のある政治的共同体で、国より政治的な意味あいが強い。

●日本の領海と排他的経済水域

接続水域

領海

択捉島

日本海

竹島

太平洋

八丈島

排他的経済水域
（接続水域もふくまれる）

東シナ海

尖閣諸島

小笠原諸島

沖大東島

南硫黄島

南鳥島

与那国島

沖ノ鳥島

延長大陸棚

出典：海上保安庁「日本の領海等概念図」をもとに編集部作成

「領海」は、国（国家）の一部とみなされる海の領域。領海のなかをとおったり、漁業をしたりするには、その国の許可がいる。「排他的経済水域」内は行き来することは自由だが、その国が魚や海底資源をとったり、管理したりする権利をもつ。

じつは、土地（国土・領土）・人びと（国民）・政府（主権）の３つが、国の条件だといわれています。この３つを「国家の３要素[*1]」といいます。ただし、この３つに「他国との関係を取り結ぶ能力」があることを加える考え方もあります。

「主権」とは、ほかの国のいいなりにならず（他国の支配や干渉を受けないで）、独立して国をおさめる権力をさす言葉です。

国家には、国民が安全で幸せにくらせるような政策を考え、実行する権利（権力）があります。たとえ自国の国民のためであったとしても、ほかの国の安全をおびやかしたり、不利益をあたえたりすることは絶対にゆるされません。

もっとくわしく

植民地

かつて「土地があって、人びとがくらし、その人びとを代表する政府がある」としても、その政府に主権がなく、ほかの国に支配される地域もあった。それが、「植民地」。「植民地」を辞書で引くと、「ある国からの植民によって形成された地域」「特定国の経済的・軍事的侵略によって、政治的・経済的に従属させられた地域」（『大辞林』）と書かれている。

*1 ふつう上記①②③の３つが国家の要素とされているが、国際法では「④他国との関係を取り結ぶ能力」が加えられ、４要素とされている。

世界の国の数

世界には現在、いくつの国と地域があるのでしょうか。じつは、どこを国としてみとめるかは、国ごとに異なります。すべての国が日本と同じ数をみとめているわけではないのです。

2015年5月15日、南太平洋の島国・ニウエを国としてみとめた（承認した）結果、日本が承認した国の数は195か国[*2]となりました。ところがその時点で、国連（国際連合）加盟国数は193か国。なぜなら、バチカン市国、コソボ共和国、クック諸島、ニウエの4か国が国連未加盟で、逆に日本が国としてみとめていない北朝鮮が国連に加盟しているからです。

[*2] これに日本を加えた196か国が世界の国数となる。

「地域」とよばれる場所

世界には、国のようで国でない「地域」とよばれる場所があります。日本の近くにも、この「地域」とよばれる「国」のようなところがあります。北朝鮮や台湾です。ところが、北朝鮮と台湾を正式な国としてみとめている国もあります。

なお、このほかに香港とマカオ、中東のパレスチナ（→p30）など、「地域」とよばれる場所もあります。

- 北朝鮮：日本は、朝鮮半島を南北に二分している南側の韓国（大韓民国）を国として承認した。だが、北側の朝鮮民主主義人民共和国は、国であるとみとめていない。そのため、呼称も「北側の朝鮮」の意味で「北朝鮮」とよんでいる。ところが、現在世界には、韓国と北朝鮮をともに国として承認している国もあり、実質的には二国とも国としてあつかわれている。それでも、日本は北朝鮮を正式な国ではなく、「地域」としてあつかっている。

- 台湾：日本は、沖縄のすぐ南西側に位置する台湾も「地域」の代表的なものとして考えているが、世界では台湾を国としてみとめている国がある。第二次世界大戦後、台湾政府は中国（中華人民共和国）を代表する政府であると主張。だが、中国大陸には中国があり、首都を北京としている。日本をふくめた多くの国は、中国を正式な政府であると承認した。反対に台湾を、「国」ではなく「地域」としてあつかってきた。ところが、スポーツの国際大会などでは、近年「チャイニーズ・タイペイ」という表現をつかうことがふえてきている。なお、世界には、台湾を「中華民国」として承認しているために中国とは国交を結んでいない国もある（2023年3月末時点で13か国）。

ヨーロッパ

北アメリカ

コソボ共和国

バチカン市国

パレスチナ

中東

北朝鮮

アジア

台湾

香港

マカオ

アフリカ

クック諸島

ニウエ

南アメリカ

オセアニア

2 移民とは

「移民」はよく聞く言葉ですが、国際的に合意された定義はありません。
また、日本には法律上、移民に関する規定がありません。
それどころか、移民を受けいれるという制度そのものがないのです。

アナン氏の提案

正式に合意された定義はありませんが、よくつかわれる「移民」の定義があります。1997年、国連統計委員会へ当時の国連事務総長コフィー・アナン氏が提出した次のものです。

通常の居住地以外の国に移動し、少なくとも12か月間当該国に居住する人のこと。

したがって、企業の海外駐在員や外交官、留学生なども移民にふくまれます。ただし、この定義は世界のすべての国ぐにで採用されているというわけではありません。一方、日本政府は「移民」を定義していないため、移民の数について公式の統計はありません。

なお、世界全体の移民数は、国際的に合意された定義がないのではっきりした数はわかりませんが、その数は、2億人とも3億人とも推定されています。

世界には、移民の国といわれる国がたくさんあります。その代表が、アメリカです。

稲葉茂勝さんといっしょにこのシリーズをつくってきた、渡邉優です。どういう人たちを「難民」とするのかについては、国際法ではっきり定められた定義と、それ以外の人たちもふくめて考える見方があり、混乱のもとになっています。このことを頭において、この先を読んでください。

日本の法律

左記のアナン氏の考えにしたがえば、日本では「移民」は、入国管理法（→p30）の「中長期在留者」と「法定特別永住者」にあたると考えられています。そして、2022年末時点で約308万人の中長期在留者と法定特別永住者が日本に居住していると発表されています。

- 中長期在留者：中長期間にわたって日本に在留資格をもって滞在する外国人。
- 法定特別永住者：第二次世界大戦以前から日本に住んでいる台湾・朝鮮半島出身者とその子孫の在留資格をもつ人。

移民と難民

移民に対して「難民」とよばれる人がいます。難民も、もといた国から別の国にうつった人たちです。難民については、19ページでくわしく見ていきますが、難民と移民のちがいは、難民は、もといた国で「迫害を受けている、受けるおそれがある」という、国際的な定義があるのです。ただし、移民は「迫害」が関係ないかというと、議論がわかれています。

アメリカへの移民

新大陸・アメリカへの移民たちは、時期によりどこから来たかが異なり、また、移民の目的も異なっていたと考えられています。

- 西・北ヨーロッパからの移民（旧移民）

イギリスのピューリタンや、フランスなど西ヨーロッパの人びとは、宗教の自由を求めてやってきたといわれている。その後ドイツ、アイルランド、スウェーデンなどの北ヨーロッパからも多くの移民がやってきた。

- 南・東ヨーロッパからの移民（新移民）

旧移民に対し、1880年代ごろ、イタリアなどの南ヨーロッパや、ロシアなどの東ヨーロッパからきた移民は「新移民」といわれた。その後、ヨーロッパでの差別や迫害を逃れてやってきたユダヤ人も多くいる。

- 中国人移民（華僑）

1833年にイギリスが奴隷制度を禁止。アメリカでは、労働を黒人奴隷にたよれなくなり、かわりに中国人が求められた。アヘン戦争にやぶれた中国から安価な契約労働者として中国人がアメリカに連れていかれた。

もっとくわしく

メイフラワー号

16世紀、エリザベス1世が統治するイギリスでは、イギリス国教会が力をもっていた。ところが、それに不満をもち、国教会を「純化（ピューリファイ）」するよう求めた人びとがいた。彼らは「ピューリタン（清教徒）」とよばれた。イギリス王室がピューリタンに迫害を加えつづけたため、彼らの一部は迫害から逃れるため、オランダへ移住。彼らはその後、オランダから新大陸・アメリカへの移住を決意した。そして、いったんイギリスにもどったのち、アメリカのヴァージニア植民地に定住する許可を得て、「メイフラワー号」で自由の新天地をめざした*。アメリカにやってきたピューリタンたちがはじめて定住したのは、現在のボストン近くにあるプリマス。そこは、アメリカ建国の地。彼らは、当時、その地で先住民族などとの交易をしていたヴァージニア会社から土地を買い、交易許可をはじめ、さまざまな権限を得て、移民となった。

もっとも多く受けいれている国

絶対数で見れば、最大の移民受けいれ国は、なんといってもアメリカです。次いで、ドイツ、サウジアラビア、ロシアとなっています。

ところが、ヨーロッパの小さな国のスイスは、人口の3割近くが外国生まれといわれています（アメリカは、移民が人口の14%を占める）。また、国の全体の人口に占める移民の割合がもっとも高いのは、アラブ首長国連邦、クウェート、カタール、リヒテンシュタインなど、その多くが「湾岸諸国」とよばれる国ぐにとなっています。この背景には、これらの国では、経済成長を支えるための労働力を外国人にたよっていることがあげられます。

自由の女神は、ヨーロッパ大陸からの移民船が入港するニューヨーク港の入り口に立っている。その姿は、「ようこそ自由の国・アメリカへ」というように、移民を歓迎するものだといわれている。

メイフラワー号でアメリカにやってきた人は迫害されたピューリタンばかりではない。

先住民族とは

独自の文化をもつ
アイヌ民族。

「先住民族」は、近代的な国家ができる前に世界の各地に住んでいた民族をさす言葉。彼らは、あとからやってきた移民などによって土地をうばわれ、殺されたり、強制的にほかの民族に組みこまれたりしたことも少なくありません。

世界の先住民族

現在、先住民族として世界中でよく知られているのは、南北アメリカ大陸のネイティブアメリカン（「インディアン」「インディオ」とよばれてきた）や、北極圏のサーミ、オーストラリアのアボリジニー、ニュージーランドのマオリ、そして日本をふくめた東アジアに住んでいたアイヌなどです。

もっとくわしく
アイヌ

「アイヌ」とは、おおよそ17～19世紀に日本の東北地方北部から北海道、樺太（サハリン）、千島列島におよぶ広範囲にくらす先住民だ。アイヌは文字をもたず、記録が少ないことから、その歴史はあまり知られていない。現在、日本にくらすアイヌの人びとは、親戚などがいる樺太（サハリン）や千島列島には移住できない。なぜなら、アイヌが先住していた土地は、現在、日本とロシアに分断されてしまったからだ。19世紀初頭から20世紀後半まで、日本の政権は、アイヌ民族に対し同化政策＊をおしつけた。それでも明治期から第二次世界大戦敗戦前まで使用された国定教科書にはアイヌを「土人」とあらわし、基本的にはアイヌは先住民族との認識のもとで公教育を進めた。戦後は、一転して国籍をもつ者「国民」として国の予算によりある程度の対策を講じてきたが、生活を保障する施策はじゅうぶんではないといわれている。

もっとくわしく
サーミ

「サーミ（サーミ人）」は、ラップランドに住む少数民族で、サーミ語を使用し、伝統的にトナカイの飼育、狩猟、漁労などを営み生活してきた。「ラップランド」とは、スカンジナビア半島北部とロシアのコラ半島をふくむ地方で、そこには現在、ノルウェー、スウェーデン、フィンランドがある。だが、それらの国境線はサーミの人たちにとってはまったく関係ないもの。あとからやってきた人たちが、かってに国境としたのだ。サーミは現在の国境をこえて居住しているが、「移民」ではないのはいうまでもない。

「移民（→p14）」や「難民（→p19）」、「先住民族」のことについてこの本に書くのは、これらが、人権を考える上でとても重要なテーマだからです。なお、先住民の人権問題は、いまだに多くが解決されていないことをわすれてはなりません。

＊社会の多数を占める集団が、少数者の集団を自己の文化になじませ、一体化しようとする政策。

3 世界の日本人移民

じつは、かつて日本人も世界各地に移民としてわたった歴史があります。明治維新の急速な近代化にともなって、労働力がとくに農村部であまるようになり、その結果、どんどん海外へ移住していったのです。

日本人移民の最初はハワイ！

日本の移民は、明治はじめに約150人が労働者としてハワイの砂糖プランテーション（大規模農園）へ、そして約40人がグアム島へ移住したことにはじまりました。彼らは「元年者」とよばれ、日本初の海外「移民」となりました。でも「元年者」は、移住先では、まるで奴隷のようにはたらかされ、移民はうまくいきませんでした。

1885年には「ハワイ官約移住」がはじまります。これは、日本とハワイ王国（当時は独立国）との条約によって、日本人労働者を3年契約でハワイの砂糖プランテーションへ送るというものでした。この制度により、1894年までの約10年間に総計2万9000人ほどの日本人がハワイへ移住しました。

この時期には、ハワイのほか、太平洋上の当時のイギリス領・木曜島[*1]や、ニューカレドニア、オーストラリア、フィジーなどへ移住する日本人も多くいました。ただし、こうした海外移住者のほとんどは、数年間の契約労働が目的で、政府も労働者自身も、その移住を海外への永住をめざすものとは考えていなかったようです。

南米ペルー・ブラジル

日本とペルーは、1873年に「通商条約[*2]」を結びました。当時の日本では労働力があまっていたのに対し、ペルーでは農園労働者が不足していました。そこで日本とペルーが取りきめを交わし、1899年に790人が「佐倉丸」で海をわたりました。これが、ペルーへの日本人移民のはじまりです。

じつは、そのころアメリカやカナダでは、日本人移民がどんどんふえていて、日本人排斥運動が起こっていたのです。1901年にオーストラリアが、1908年にはカナダが日本人移民の数を制限し、1924年には、アメリカが日本人の移住を全面的に禁止しました。そうしたなか、日本人移民の受けいれ先となったのが、ペルーやブラジルでした。

ブラジルには、ペルーより約10年後の1908年に、日本人781人を乗せた「笠戸丸」が到着。これが、日本人のブラジル移民のはじまりでした。その後ブラジル移民は、1941年までの33年間で約19万人に達しました。

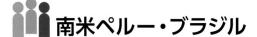

ハワイの砂糖プランテーションではたらく日本人移民の人びと。

＊1 現在のオーストラリア北東部にある島。
＊2 2国間または数か国間で、通商（貿易）、経済、航海などについて規定する条約。

17

日本人街があるブラジルのリベルダージ地区。もともと日本人移民が多くくらしていたが、最近では中国人・韓国人もふえてきて、東洋人街としてにぎわうようになった。メインストリートには、日本をイメージさせる大鳥居（右奥）と、提灯の形をした街灯がある。

戦後の日本人移民

　戦後の数年間に600万をこえる軍人や移植民が帰還しました。そのため、日本国内の人口が急増。新たな海外移民が大量に発生しました。

　1951年のサンフランシスコ講和条約（→p30）で、日本の主権回復がみとめられると、政府は中南米の国ぐにと条約を結び「日本人定住農業移民」を送ります。かつて日本人が多く移住していたブラジルへは1952年に戦後最初の移民団が送られ、その２年後には、パラグアイへ、1955年、アルゼンチンへ、1956年、ドミニカへ、1957年には、ボリビアへと多くの日本人が移住していきました。ボリビアでは、サンフアン・デ・ヤパカニというまちが、日本人の集団移民によってつくられました。ところが、そうした戦後の移民は日本経済が復興するにつれて減少していきました。

　1980年代になると、日本がバブル経済（→p30）のなか、逆に日本へ出稼ぎなどでやってくる外国人が急増しました。

現在の日本人海外移住

　今ではかつてのように、日本人が組織的に海外へ移住させられることはなくなりました。それでも、仕事や留学、結婚などの理由で、世界の各地へ日本人が渡航、移住して移民となるケースがどんどんふえています。結果、ヨーロッパやオーストラリアなど日本人が多く渡航する国には、新たな日本人コミュニティが出現。また、広い世界、日本人移住者のいない国はないといわれるようになりました。『世界の村で発見！　こんなところに日本人』（朝日放送テレビ）というテレビ番組ができるほどです。これは、タレントが世界の国ぐにの小さな村まで、日本人をさがしにいくというもの。山奥だったり極寒の地だったりと、いろいろな場所に日本人が住んでいることを、お茶の間に知らせてくれます。

4 難民って、どういうこと?

「難民」とは、「ある国で迫害され、国外へ逃れた人」だとされていますが、実際には「迫害」を受けた人だけでなく、国全体が自然災害や武力紛争にさらされ、その被害や危険から逃れた人たちもふくまれています。

さまざまな難民

「難民」という言葉には、いろいろな意味があります。

ひとつは、国際的にみとめられた「難民」です。その定義は難民条約(→p30)に定められているもの。人種、宗教、国籍、特定の社会的集団の一員であることや、政治的意見などにより迫害を受けるおそれがあるために国外に逃れた人びとを指します。これらを「条約難民」とよびます。

またひとつは、より一般的な意味として、条約難民に加えて、自然災害や武力紛争などから逃れる人びとです。最近では、より収入の多い職を求めて、国外に出る人びとも「経済難民」とよんで、難民にふくめることもあります。

日本政府は「難民」＝「条約難民」としています。
EU(ヨーロッパ連合→p30)のなかの一部の国では、それ以外の人たちも難民といっていますが、UNHCR(→p30)も「難民」＝「条約難民」の立場です。ただし本書では、とくに注記がなければ、「難民」は上記のふたつめの意味でつかっています。

「国内(避)難民」

難民が流浪*する場所は、他国とはかぎりません。その人たちの国の国内であることも多くあります。紛争などによって家が破壊され、自分のくらすまちを追われたけれど、国境をこえられずに流浪している人たちを、「国内難民」または「国内避難民」とよんでいます。

国内(避)難民も、難民と同様に援助なしには生活できません。国内で援助がないために、国境をこえるということもあります。

UNHCR(国連難民高等弁務官事務所→p30)では「難民と国内避難民の苦境は同質であることが多いので、共通の支援対策を執ることが最も現実的である」とし、「国内の避難先から戻り、新しい生活を始めるようとする人々」も、支援の対象者としています。

2022年2月にはじまったロシアによる軍事侵攻から逃れるため、駅でヨーロッパへ向かう列車を待つウクライナの人びと。同年末には、世界の難民・国内避難民が1億人をこえた。

*住むところを定めずにさまよい歩くこと。

世界の難民流出の実情

UNHCR（→p30）によると、2017年に新たに移動を強いられた人の数は1620万人で、そのなかでもいちばん深刻なのがシリア難民です。その数は、難民、国内避難民あわせて1200万人にのぼっているといいます。OCHA（国連人道問題調整事務所）によると、世界の難民人口は2018年時点で、第二次世界大戦後最多となっています。そのうち、シリア難民が最大で、また、半分近くがシリアとアフガニスタン、南スーダンの3つの国から逃げだした難民です[1]。

・シリア難民

中東や北アフリカの国ぐにでは2010年の年末から、独裁政権に反対して民主化を求める運動が次つぎと起こった（アラブの春）。シリアでも2011年3月から独裁政権に対する反政府デモが発生。それを政府が武力で弾圧、内戦へ発展した。その後、反政府勢力の内部抗争が起こると、政府側が大量破壊兵器まで使用して弾圧。シリアの人びとは、国外に逃げださざるを得なくなった。OCHAによると2016年時点で、シリア難民の数は約510万人、国内避難民は約650万人にものぼり、シリア国内では1350万人が人道支援を必要として、900万人が食料支援を、また、610万人が教育支援を必要としているという。こうしたシリア難民のうち、海外へ逃れようとする人たちの大部分は、トルコやヨルダンなど近隣の国へいくが、そのなかでも比較的お金がある人たちは、ヨーロッパへ向かおうとしている。とくに多いのがドイツとなっている。

・アフガニスタン難民

2001年から続いたアフガニスタン紛争（→p30）が、事実上2014年に終結[2]。住んでいた場所を追われ、難民となった人の数は約260万人にのぼると推定されている。その後しだいにアフガニスタン軍などにより治安がとりもどされてきたが、近年、IS（イスラム国→p30）やタリバン（→p30）の影響がアフガニスタン国内にも広がり、今では国内を掌握した。その結果、さらに多くの難民を生みだした。

・南スーダン難民

難民を多く出した国の第3位（2022年には第5位）の南スーダンは、2013年末から内戦状態が続いた。2015年夏に周辺国の仲介で、和平合意が成立したが、すぐに戦闘が再発。国連は、南スーダンで民族浄化がおこなわれていると判断した。「民族浄化」とは、特定の民族の人たちを大量に殺したり、外へ追いだしたりして、その国（地域）を、自分の民族だけにしようとすること。こうした状況をもたらしたおもな要因は、キール大統領派とマシャール前副大統領派との対立だといわれている。だが、その背景には民族対立があって、その対立にはキリスト教とアフリカの伝統宗教との対立もからんでいるとも指摘される。こうしたなかで、大量の難民が発生した。

・ウクライナ難民

2014年にロシアがクリミア半島などを侵略して以降、ウクライナでは、85万人以上の国内避難民が発生していた。さらに、2022年2月からはじまったロシアによる侵攻により、620万人以上がウクライナから避難。国内避難民は推定508万人となった（2023年9月時点）。

もっとくわしく

OCHA（国連人道問題調整事務所）

OCHAは、国連事務総長が直接率いる国連事務局の一部として、自然災害や紛争などにより、もっとも弱い立場に置かれている人びとの命と尊厳を守るために1998年に設立された。各国政府やほかの国連機関、赤十字、また国際NGOなどと連携し、緊急・人道支援活動の具体的調整、必要な資源の確保、円滑かつ効果的な支援活動を進めている。そのための情報管理、啓発・理解促進、そして国際的な人道課題に関する政策形成もになう。また、国内で避難を余儀なくされている人びとや、戦闘にまきこまれた一般市民を守るのもその使命としている。本部は、ニューヨークとジュネーブに置かれている。

[1] その後、シリア、アフガニスタン、ウクライナなどで難民が発生。UNHCRによると紛争や迫害によって故郷を追われた人は、1億人以上にふくれあがり、そのうち難民とみとめられる数は3530万人と発表されている。　[2] 正式には、2021年、アメリカのジョー・バイデン大統領が終結を宣言。

長い歴史をもつ難民問題

ヨーロッパから見て、極東と近東のあいだの地域を「中東」といいますが、そこには現在、トルコやイラン、イラク、アラビア半島諸国があります。ここでは、昔から大量の難民を出してきました。

中東の地図。

シオニズム

ユダヤ教を信じるユダヤ人がくらすエルサレムは、古代から「シオン」とよばれてきました。そこへ紀元前1世紀、キリスト教国であるローマ帝国が侵攻すると、ユダヤ人はシオンを追われ世界中へ広がっていきました。

ところが、ユダヤ人がイエス・キリストを十字架にかけた罪人だと信じるキリスト教国では、ユダヤ人はどこへいっても迫害されたのです。そこでユダヤ人は「自分たちの国をつくらないかぎり生きていけない」という思いを強くいだくようになり、ユダヤ人国家の設立をめざしました。その場所が、パレスチナ（→p30）でした。そして、世界中で「シオン（エルサレム）にもどろう」という回帰運動（シオニズム）が起こり、19世紀の後半から、世界各地のユダヤ人がパレスチナにうつりすんできたのです。

第二次世界大戦が終わった3年後の1948年、ついにユダヤ人は、国連総会の決議にもとづいて自分たちの国をつくりました。イスラエルです。ところが、今度はパレスチナに住む70万人のアラブ人が、パレスチナをはなれざるを得ませんでした。彼らは「パレスチナ難民」とよばれました。

なお、パレスチナ難民は、1967年の第三次中東戦争でイスラエルが支配地域を広げたときにも大量に発生しました。

もっとくわしく

クルド人

「クルド人」は国をもたない世界最大の民族。クルド人がくらす地域はもともとオスマン帝国（→p30）の一部で、「クルディスタン（クルド人の土地）」とよばれていた。第一次世界大戦でオスマン帝国が消滅。クルディスタンはイラク、トルコ、シリア、イランなどに分断され、クルド人はそれぞれの国で権利の制限や不平等なあつかいを受けた。クルド人は、世界中に移民や難民として広がり、現在その数は推定約3000万人。日本にも2000人ほどがくらす（2017年時点）。イラクに住むクルド人は、サダム・フセイン（1937～2006年）政権のもとで弾圧を受けた。イラク戦争（→p30）の際、アメリカなどに味方してフセイン政権の打倒に協力したことから、2006年、イラク国内にクルド人自治区の設立がみとめられた。ところがその後、クルド人自治区がイラクからの独立を求めるようになると、イラク政府だけでなく、トルコ、シリア、イランの政府も、クルド人の独立国家建設に強く反対。アメリカやロシア、国連までもが反対した。その理由は、各国のクルド人がそこへ流入すると、国際情勢が不安定になるからだといわれている。

5 難民の受けいれ義務

現在の国際法では、どの国も「移民」を受けいれる義務がないことになっています。ところが「難民」の場合、とくに「難民条約(→p30)」に参加している国は、自国に来た難民の滞在を許可する義務があります。

国連難民高等弁務官の見解

EU(→p30)では2015年9月22日、加盟国が分担して、難民12万人を受けいれることを決定しました。でも、その決定は反対派の国(チェコ、ハンガリーなど)の声を賛成派の国が多数決でおしきったかたちだったため、EU内で新たな対立が生じてしまいました。また、近年、イギリス、ドイツ、デンマークなど、これまで難民を多く受けいれてきたヨーロッパの国ぐにでも、ふえつづける難民に反対する人が増加し、集会やデモをおこなったり、難民を襲撃する事件が発生したりしています。

これを受けて、UNHCR(→p30)のフィリッポ・グランディ国連難民高等弁務官は、「難民・避難民の問題が世界の最貧国の多くにとって重荷になっている」と警告した上で、「難民・避難民の84%が低・中所得国に集中している」「より豊かな国が拒否するのなら、資源がずっと限られたアフリカや中東、アジアの国々に何百万人もの難民を受け入れるよう、どうやって求めることができるのか」(2017年6月19日の談話)と指摘しました。

難民の受けいれについては、どこの国も苦慮しているようです。

日本の難民受けいれ

これまで日本は、難民の受けいれがとても消極的であったために、人権意識が低いとまでいわれていました。難民認定制度が導入された1982年から2021年までの難民申請数が9万1664人だったのに対して、日本が難民と認定したのは1117人、認定率は1.21%です。これに比べて、ヨーロッパには、フランス14.5%、ドイツ25.1%(いずれも2017年)など認定率の高い国があります。

これだけ認定率がちがうのは、なによりも、日本で難民申請をする人たちのなかに、実際には迫害されていないのに、日本ではたらくことを目的とし、いつわって難民申請する人たちが非常に多いことによります。また、日本では難民条約(→p30)にしたがって難民の認定をおこなっていますが、条約難民(→p19)に当たらない人たちも、政治的な配慮から受けいれている国もあるといわれています。日本ではまた、条約に照らすと難民と認定できないけれど、人道上の配慮から受けいれをみとめられた人が5049人いますが、このことはあまり知られていません。なお、ヨーロッパでも、難民にまぎれこんだテロリストによる事件があいつぎ、現在ではこれまでのように多くの難民を受けいれるべきかどうかは、大きな議論になっています。

現在の日本の難民事情

ヨーロッパの各国で頻発するIS（→p30）などのイスラム過激派による銃撃や自爆テロなどのニュースが伝わるたびに、日本国内では難民受けいれに対する国民の恐怖心があおられてきています。

難民を多く受けいれるべきだという気持ちはあるものの、それ以上に不安の気持ちが大きいという国民の声が多くなっているともいわれています。

さらに人権的な面からは、難民受けいれをすべきだと考える人でも、日本はまだ難民の衣食住や仕事に関する支援体制が整っていないことを心配しています。また、トルコからの難民については、次のような見方をする人もいます。

現在日本へ難民申請する人たちを国籍別に見ると、トルコからの難民申請者は6番目に多い（2017年時点）。しかし、トルコに住むクルド人（→p21）については、日本政府は難民とみとめた例はない。なぜなら、日本がそのクルド人を難民認定した場合、トルコ政府がクルド人を迫害しているとみとめることになるからだ。これまで日本とトルコの関係は良好だったことから、この関係をそこなうことができないという配慮があるのかもしれない。

このページは渡邉先生の専門分野なので、ぼくもしっかり勉強したんだよ。

日本政府の難民への取りくみ

日本政府は、難民に対する人道支援を国際貢献の重要な柱のひとつと位置づけています。たとえば、UNHCRに対しては世界で第2位の資金拠出国（2013年）となり、JICA（国際協力機構＊）を通じて、スーダン、アフガニスタン、カンボジアや東ティモールなどで、故郷に帰った難民や国内避難民（→p19）が平和で安定した生活を送ることができるように支援してきました。また、2000年には日本政府の支援により、UNHCR駐日事務所に国際人道援助緊急事態対応訓練地域センターを開設し、おもにアジア・太平洋地域の国際機関、NGO、政府などの職員を対象に、人道支援の現場での安全確保のための訓練を実施してきました。

このように、難民の受けいれ数は少ないが、国際社会において、難民問題には積極的に取りくんでいる、というのが日本政府の主張であり、UNHCRの評価です。また、1991年から2000年にかけて、国連難民高等弁務官としてアフガニスタンなど数多くの難民問題に尽力したのは、JICA理事長もつとめた日本人の緒方貞子（→p30）だったことも世界中で広く知られています。現在も日本の難民支援において、JICAが、UNHCRなどの国際機関やNGOと連携しながら、緊急の人道支援などさまざまな支援をおこなっています。

「難民子女のための学習支援教室」（ファーストリテイリング財団）では、日本に住む難民の小・中・高校生を対象に学習支援をおこなっている。日本国籍がない難民の子どもは義務教育が受けられないため、こうした支援がなくては進学、就職がむずかしい。

＊外務省所管の独立行政法人。おもに発展途上の国や地域などへの国際協力をおこなう。JICAは、Japan International Cooperation Agency の略称。

日本に来ている外国人の人権問題

6

「『外国人だからって、なぜ?』偏見をもたずに受け入れて」、これは東京都がホームページでうったえた言葉です。東京都でくらす外国人は2020年1月時点で約58万人。都民の約24分の1におよびます。

外国人の人権問題

東京都は、次のようにいっています。
「観光や仕事で訪れる外国人も含め、様々な国から東京に集まる人々は、多様な文化や価値観、ライフスタイルをもち、これが東京の伝統文化と相まって、国際都市東京の活力を生み出しています。」

東京都にかぎらず、今の日本には多くの外国人がくらすようになりました。国籍(→p11)を取得してすでに日本の国民として生活している人も多くいます。もちろん、税金もおさめているのです。

しかし、言語、文化、宗教、生活習慣などのちがいや、まわりの日本人の無理解により、外国人に対する差別や偏見が見られるのも事実です。

たとえば、外国人というだけの理由で住宅の賃貸や商店などの入店をことわられたり、就労に関し不合理なあつかいをされたりすることも起きています。もとより、肌の色が問題にされることもあります。外国人をはたらかせて、契約どおりの賃金を支払わなかった事件も起きています。

また、いい仕事があるとだまして海外から女性を連れてきて、暴力や借金で拘束し風俗店ではたらかせたり、人身売買したり……!

こうした態度や差別は、外国人の人権を傷つけることになります。ズバリ、人権問題なのです。

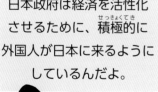

日本政府は経済を活性化させるために、積極的に外国人が日本に来るようにしているんだよ。

●東京都における外国人人口の推移

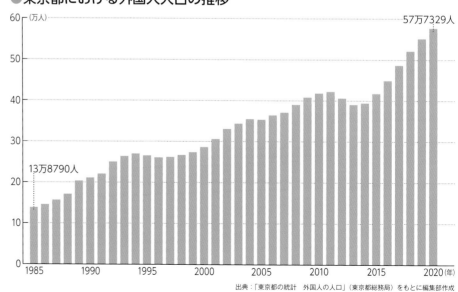

13万8790人

57万7329人

出典:「東京都の統計　外国人の人口」(東京都総務局)をもとに編集部作成

人種差別やヘイトスピーチに反対し、プラカードをかかげうったえる人びと（2016年、神奈川県川崎市）。

 ヘイトスピーチ

近年、外国人がふえるなか、外国人の人権問題になっていることのひとつに、「ヘイトスピーチ」があります。ヘイトスピーチとは、ある民族や国籍の人びとを排斥する差別的な言葉のこと。一人ひとりの人権が尊重され、ゆたかで安心して生活できる社会では、あってはならないことです。

政府は「本邦外出身者に対する不当な差別的言動の解消に向けた取組の推進に関する法律」をつくり、2016年6月に施行。この法律では、不当な差別的言動はゆるされないことを宣言するとともに、その解決に向けて国や地方自治体が相談体制の整備や教育活動、広報啓発などの施策を講じるよう定めています。

「人権擁護に関する世論調査」

内閣府は2017年10月、「人権擁護に関する世論調査」をおこないました。そのなかにあった、「日本に居住している外国人に関し、現在、どのような人権問題が起きていると思いますか」の問いで、「風習や習慣などのちがいが受けいれられないこと」を挙げる人の割合がもっとも高いことがわかりました。多くの日本人が、外国人の人権問題が起きていると思っていることがあきらかになったのです。

そうしたなか、外国人と日本人がおたがいを尊重しながら、共生できる社会をきずいていこうという意識が大切だと強くいわれています。

> わたしたち一人ひとりが、それぞれの文化や生活習慣のちがいをみとめあうことが大切です。

●内閣府「人権擁護に関する世論調査」

日本に居住している外国人に関し、現在、どのような人権問題が起きていると思いますか。（複数回答）

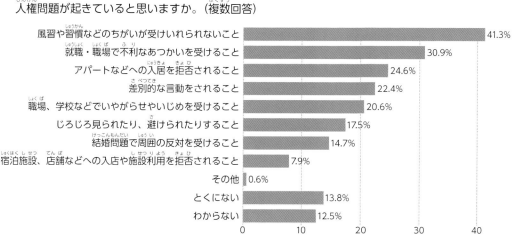

風習や習慣などのちがいが受けいれられないこと	41.3%
就職・職場で不利なあつかいを受けること	30.9%
アパートなどへの入居を拒否されること	24.6%
差別的な言動をされること	22.4%
職場、学校などでいやがらせやいじめを受けること	20.6%
じろじろ見られたり、避けられたりすること	17.5%
結婚問題で周囲の反対を受けること	14.7%
宿泊施設、店舗などへの入店や施設利用を拒否されること	7.9%
その他	0.6%
とくにない	13.8%
わからない	12.5%

出典：内閣府「人権擁護に関する世論調査」（平成29年10月）

わたしたちが考えなければならないこと

政府は「難民条約 (→p30)」「人種差別撤廃条約 (→1巻p22)」などに参加し、人種・肌の色・民族などのちがいによるあらゆる差別をなくすためにやることを国民に義務づけています。では、義務があるわたしたちは？

自治体では

国が法律をつくり、その下で自治体が、わたしたちみんながどうすればいいかを、より具体的に示しています。

東京都をはじめとする全国の自治体では、外国人からのさまざまな生活相談に応じ、一方で、外国人に対しても、地域社会の生活のルールにしたがってもらうように啓発活動をしています。さらに、住民に対しては、外国人への理解を深め、偏見や誤解をなくすよう啓発を進めているのです。

自治体の窓口などでは、「VoiceBiz」という翻訳アプリをいれたスマートフォンやタブレットをつかって、日本語が不自由な人の対応をしている。多くの自治体が、外国人に対する「情報にかかわるバリア (→3巻p22)」をなくすため、さまざまに工夫している。

「VoiceBiz」のスマートフォン版。自治体や学校などでよく使用される定型文が多く登録されており、定型文を選択すると、翻訳文が表示されるとともに音声が流れる。

わたしたちのやるべきこと

北海道新聞のインターネット版に「悩みごとナビ」というコーナーがあります。そこへ「外国から来た転校生と仲良くしたい、どうしたらいいか?」という悩み相談が載っていました。その記事（質問と回答）を読んで、表題について考えてみましょう。質問と回答は、右のとおりです。

今、どんどん外国人が日本にやってきていますが、それでも外国からの転校生というのは、全国的に見ればそう多いことではありません。

右の回答にあるような外国人への接し方は、子どもにかぎらず、基本は同じ。学校という安心できる場所以外で、子どもひとりで気軽におとなの外国人に話しかけるわけにはいきませんが、おとなといっしょに話しかけて外国の人と交流するのはいいことです。

> そうすることが、外国人の人権を守るために、「わたしたちのやるべきこと」になるということだよ。

Q クラスに外国から来た子が転校してきました。みんな、はじめはめずらしいこともあって、いろいろ話しかけたりしたのですが、話しかけてもこまった顔をするし、給食時間もお弁当だし、みんなとあまりなじまないのでだんだんひとりでいることが多くなりました。わたしは友達になりたいと思うけど、どうしたらいいかわかりません。どうしたらいいですか。

A 子どもだからできることもたくさんあります。どんどん話しかけてみることです。日本語でかまいません。その国の言葉を調べて声をかけてあげてもいいのです。休み時間にはいっしょに遊んでみましょう。たとえば、折り紙をもっていき、あなたの仲良しの友達といっしょにやってみてもいいのです。言葉を覚えることができます。そこからコミュニケーションがはじまるのです。（中略）給食を食べずにお弁当をもってきているのも文化や宗教の考え方によるものだと思います。外国から来た子がそばにいることは、先生といっしょにその国の言葉、文化や習慣を学ぶまたとないチャンスです。今は、便利な翻訳アプリを入れることができるタブレット端末などがあります。

（掲載日：2019年8月28日）

北海道新聞NIE
Newspaper in education

NIEを体験 ∨ 　紙面から ∨ 　新聞を知る ∨ 　NIEを知る ∨ 　　　〔 お問い合わせ 〕

悩みごとナビ

小中学校、高校・大学生の悩みに答えます。また、保護者や教育に携わる人たちにも助言します。執筆者は、子どもの心理を研究する北大大学院教育学研究院付属子ども発達臨床研究センター（札幌）と、電話相談に応じている元教員グループ「北海道子どもセンター」（札幌）の先生です。取り上げてほしい悩みやテーマをお寄せください。

悩みごとナビ投稿について

取り上げてほしい質問内容やテーマを、連絡先を明記の上、メールnie@hokkaido-np.co.jpかファックス011-210-5826または〒060-8711（住所不要）北海道新聞社みらい教育推進室悩みごとナビ担当宛に郵送してください。参考にします。紙面に住所、氏名は載りません。なお回答者の指名はできません。

記事一覧

NEW 進路の希望が親と異なる（中3男子）
掲載日：2023.09.13

忘れ物が多い（小5男子）
掲載日：2023.08.30

1人の子を大勢で注意（小5女子）
掲載日：2023.08.23

IQ高いと生きづらい？（高1男子）

「悩みごとナビ」の相談では、子どもの心理・発達を研究している先生や、子どもと保護者からの相談を受けている元教員グループが回答している。

7 文化・習慣・宗教のちがい

なぜ最後にこの話をするのか、不思議に思う人もいるでしょう。
それは、外国人が「自分らしく生きる」ことについて考える上で
文化・習慣・宗教のちがいを知っておくことが大切だからです。

20年以上前のまんが

ここに掲載するのは、2002年に発行された「地域でできるこれからの国際交流」というシリーズの第1巻の見開きページです。その年は、ちょうど「総合的な学習の時間」が小学校ではじまり、国際交流がさかんになってきたころでした。それから20年以上がたち、今では、学校でも、外国人の人権について学習するようになってきたのです。

このシリーズもぼくがつくったものだよ。このあとには、宗教のちがいについてくわしく書いたんだ。イスラム教では豚を食べないとか、ヒンズー教は牛を神聖な動物として食べないなど。今でも、そうしたことを理解していないと、知らないうちに外国人の人権を侵害してしまうかもしれないよ。昔も今も、同じなんだ。

28

出典：『地域でできるこれからの国際交流①国際交流入門』（岩崎書店）

渡邉優から
子どもとおとなの方へもう一言

すべての人が平穏にくらし、勉強や仕事など「望むこと」ができるように助けてあげたいという思いやりの気持ちは、とても大切なことです。でも、助けてあげられない場合もありますね。それでも、だれかの「望むこと」がその人の権利（人権）であれば、事情は異なります。人権は、人の善意にたよって恩恵をほどこしてもらうことではありません。国や会社や人に対して「人権を守ってほしい」という求めがあれば、それは実現されなければなりません。人権が無視されたら、場合により人権をないがしろにする人を罰することさえあります。そのために、憲法や法律や国際条約で、なにが人権か、人権をどう守るかをしっかりと定めているのです。人権は、それほどの重みをもつものですから、決してかろんじてはいけません。

（ここまでは子どものみなさんに。以下はおとなの方へ、そして、できれば子どものみなさんにも。）

わたしは、かつてスイスのジュネーブにある日本政府代表部で、人権や難民の問題を担当していましたが、残念ながら難民や経済移民などは現在にいたるまでふえつづけています。最近は外国人の人権に対する世界の関心も高まってきましたが、国際条約などの制度や難民・移民の実態については、必ずしもよく知られていません。そこで、事実を正確に知っていただきたいと考えてくわしくコメントしました。

このシリーズは、人権つまり「権利」がテーマです。「権利」は確保され実現されなければならないこと、国（政府）や自治体や個人に対して、その実現を強制するものです。

先にも書きましたが、ある人（Ａ）の人権を尊重せずふみにじる人（Ｂ）がいたら、いざとなったら国はＢを罰してでもＡの人権を守ることになります。会社や個人も、他者の人権を守ることを義務づけられているのです。

人権がこのように非常に重い価値であるために、条約や（憲法をはじめとする）法律でしっかりと決められていなければなりません。逆にいえば、だれかが「自分は〇〇の人権をもっているのだから、国はそれを守るべきだ、周囲の人びとも自分の〇〇権を尊重しろ」などといっても、それが条約や法律でしっかりと決められていないのであれば、人権ではありません。ある人の主張がわがままなのか、人権なのか、あるいは人権とはいえないけれど人道的になんらかの配慮をすることが望ましいようなことなのか、それをしっかりと区別する必要があります。

人権は、人間が生まれながらにもっている人間としての基本的な権利といわれますが、なにもせずに空からふってくるものではありません。第1巻で見たように、先人たちが時に血を流して勝ちとり、守ってきたものです。

自分の人権を守るのはいうまでもありませんが、わすれてはならないのは、他者の人権です。他者の人権が侵害されるのを見のがせば、次に侵害されるのは自分の人権かもしれません。他者の人権侵害に見て見ぬふりをしてはなりません。わたしたち一人ひとりが、みなの人権を守る主人公だということを、強調しておきたいのです。

最後に、第1巻でも紹介した下の日本国憲法（→1巻p26）第12条条文を、ぜひ思いおこしてください。

「この憲法が国民に保障する自由及び権利は、国民の不断の努力によつて、これを保持しなければならない。又、国民は、これを濫用してはならないのであつて、常に公共の福祉のためにこれを利用する責任を負ふ。」

守るべきは、すべての人の人権なのです。

このことを、この本を読む読者の方にわかっていただければ、とてもうれしいです。それが、次の日本を背負う若い人たちであればなおさらです。

ここまで読んでいただいて、本当にありがとうございました。

用語解説

●UNHCR（国連難民高等弁務官事務所）… 10, 19, 20, 22, 23
世界の難民の保護や支援活動をおこなう国連の機関。第二次世界大戦中に外国に逃れたヨーロッパ難民を救済するため、1950年に設立された。1954年、1981年にはノーベル平和賞を受賞。本部はスイスのジュネーブ。

●パレスチナ ……………………………………… 13, 21
もともとはレバノンやヨルダン、エジプトにかこまれた地中海東岸の地域のことだったが、現在は、パレスチナ自治政府が統治するヨルダン川西岸地区と、ガザ地区をパレスチナとよんでいる。独立国家としてはみとめられていない。

●入国管理法 ……………………………………………… 14
正式名称は、「出入国管理及び難民認定法」。日本に出入国するすべての人の管理、外国人の在留手続き、難民の認定などについて定める法律。1951年公布の出入国管理令を1982年に改正したもの。

●サンフランシスコ講和条約 ……………………………… 18
第二次世界大戦を終結させるため、1951年に、日本とアメリカをはじめとする48の連合国とのあいだで結ばれた条約。

●バブル経済 ……………………………………………… 18
日本の土地や株が、本来の価値とはかけはなれた価格まで上昇した経済状況のこと。一般的に、1980年代後半の好景気の時期をさす。「バブル」は英語で「泡」という意味で、経済が泡のように膨張し、一瞬で割れて消えてなくなることが由来。

●難民条約 …………………………………… 19, 22, 26
正式名称は「難民の地位に関する条約」。難民保護を目的とした国際条約で、1951年成立、1954年発効。日本は1981年に加入した。難民の保護・定住を確保するために、法的地位、就職、福祉について詳細に定めている。1966年には、この条約を補充するため「難民の地位に関する議定書」がつくられた。

●EU（ヨーロッパ連合）…………………………… 19, 22
ヨーロッパ連合条約にもとづき、国境をこえて政治や経済、安全保障などで協力しあうヨーロッパ諸国の統合体。第二次世界大戦の反省から、二度と戦争を起こさないように、ヨーロッパの団結をめざして1993年に設立された。加盟国は27か国（2023年6月時点）。

●アフガニスタン紛争 ……………………………………… 20
2001年、アメリカ同時多発テロの実行犯とされる国際テロ組織アルカイダのオサマ・ビンラディンをかくまったとして、アメリカとイギリスの軍隊がアフガニスタンを攻撃してはじまった紛争。

●IS（イスラム国）………………………………… 20, 23
イラクとシリアを拠点とする、イスラム教スンニ派の過激派組織。2014年にイラクとシリアの一部を支配し、国家をつくったと一方的に宣言したが、国際的にはみとめられていない。世界各地で、ISによる無差別テロが多発している。

●タリバン ………………………………………………… 20
アフガニスタンを中心に活動する武装組織。1994年、イスラム教の神学校で学んでいた学生らが中心となって結成したとされ、厳格なイスラム法による支配をめざす。1996年に政権を樹立するが、2001年にアメリカ同時多発テロの首謀者オサマ・ビンラディンをかくまったとしてアメリカから攻撃を受け政権崩壊。しかし、2021年、アメリカ軍の全面撤退を機に再び政権をにぎった。

●オスマン帝国 …………………………………………… 21
1299〜1922年まで存在したイスラム教スンニ派の大帝国。15世紀に東ローマ帝国をほろぼし、コンスタンティノープルを新たな首都とした。以降、現在のトルコを中心に、アフリカや中東、ヨーロッパまで拡大した。

●イラク戦争 ……………………………………………… 21
2003年、アメリカを中心とした多国籍軍とイラクとのあいだでおこなわれた戦争。イラクのサダム・フセイン政権が核兵器など大量破壊兵器を開発している疑惑をもたれ、その破棄を求めたアメリカと対立したことがおもな原因とされている。2008年にアメリカのオバマ大統領が戦争終結を宣言、2011年末には撤退を完了。のちに、イラクには大量破壊兵器がなかったことが判明した。

●緒方貞子 ………………………………………………… 23
1927〜2019年。国際政治学者。聖心女子大学を卒業後、カリフォルニア州立大学バークレー校で政治学の博士号を取得。1976年に日本人女性初の国連公使になったあと、1991年には女性として初の国連難民高等弁務官に就任。2003〜2012年にはJICAの理事長をつとめた。

さくいん

あ

アイヌ …………………………… 16
アフガニスタン難民 ……………… 20
アヘン戦争 ………………………… 15
アボリジニー ……………………… 16
アメリカ … 14, 15, 16, 17, 20, 21
アラブ人 …………………………… 21
イギリス ………………… 15, 17, 22
イスラエル ………………………… 21
移民 ……………………… 14, 15, 16, 17,
　　　　　　　　　　　 18, 21, 22, 29
VoiceBiz ………………………… 26
ウクライナ ………………… 19, 20
ウクライナ難民 ………………… 20
エリザベス1世 ………………… 15
エルサレム ……………………… 21
オーストラリア …………… 17, 18
OCHA（国連人道問題調整事務所）
　　……………………………………… 20

か

華僑 ………………………………… 15
カナダ ……………………………… 17
韓国 ………………………………… 13
元年者 ……………………………… 17
帰化 ………………………………… 11
北朝鮮 ……………………………… 13
旧移民 ……………………………… 15
クルド人 ………………… 21, 23
経済難民 ………………………… 19
国際連合 ……………… 13, 20, 21
国籍… 10, 11, 16, 19, 23, 24, 25
国籍法 …………………………… 10
国内難民 ………………………… 19
国内避難民 …………… 19, 20, 23
国民……………… 10, 11, 12, 16,
　　　　　　　　 23, 24, 26, 29

国家の3要素 …………………… 12
コフィー・アナン ……………… 14

さ

サーミ …………………………… 16
サンフアン・デ・ヤパカニ …… 18
シオニズム（回帰運動）……… 21
JICA（国際協力機構）………… 23
自由の女神 ……………………… 15
主権 ………………………… 12, 18
出生 ……………………………… 11
条約難民 ………………… 19, 22
ジョー・バイデン ……………… 20
植民地 …………………… 12, 15
シリア難民 ……………………… 20
新移民 …………………………… 15
スイス …………………… 15, 29
先住民族 ………………… 15, 16

た

第一次世界大戦 ………………… 21
第二次世界大戦 …… 13, 14, 16,
　　　　　　　　　　 20, 21
台湾 ……………………… 13, 14
中国（中華人民共和国）… 13, 15
中長期在留者 …………………… 14
通商条約 ………………………… 17
テロリスト ……………………… 22
ドイツ …………… 15, 20, 22
同化政策 ………………………… 16
届出 ……………………………… 11
トルコ …………… 20, 21, 23

な

内閣府 …………………………… 25
悩みごとナビ …………………… 27
難民… 14,16,19,20,21,22,23,29

日本人定住農業移民 ………… 18
ネイティブアメリカン ……… 16

は

排他的経済水域 ……………… 12
パスポート ……………………… 11
パレスチナ難民 ……………… 21
ハワイ …………………………… 17
ハワイ官約移住 ……………… 17
ビザ（査証）…………………… 11
ピューリタン（清教徒）……… 15
フィリッポ・グランディ ……… 22
ブラジル ………………… 17, 18
フランス ………………… 15, 22
ヘイトスピーチ ……………… 25
ペルー …………………………… 17
法定特別永住者 ……………… 14

ま

マオリ …………………………… 16
南スーダン難民 ……………… 20
民族浄化 ………………………… 20
無国籍者 ………………………… 10
明治時代 ………………… 16, 17
メイフラワー号 ……………… 15
木曜島 …………………………… 17

や

ユダヤ人 ………………… 15, 21

ら

ラップランド …………………… 16
領海 ……………………………… 12

わ

湾岸諸国 ………………………… 15

■著

稲葉　茂勝（いなば　しげかつ）

1953年、東京都生まれ。東京外国語大学卒。編集者としてこれまでに1500冊以上の著作物を担当。自著も100冊を超えた。近年子どもジャーナリスト（Journalist for Children）として活動。2019年にNPO法人子ども大学くにたちを設立し、同理事長に就任して以来「SDGs子ども大学運動」を展開している。

■執筆協力・監修

渡邉　優（わたなべ　まさる）

1956年、東京都生まれ。東京大学法学部卒業後、外務省に入省、在ジュネーブ政府代表部公使、在キューバ大使などを歴任。2023年度から成蹊大学客員教授。国連英検指導検討委員、日本国際問題研究所客員研究員なども務める。

■絵本

文：**高橋　秀雄**（たかはし　ひでお）

文：**田中　ひろし**（たなか　ひろし）

絵：**荒賀　賢二**（あらが　けんじ）

■編

こどもくらぶ（見学さやか、中西夏羽）

あそび・教育・福祉の分野で子どもに関する書籍を企画・編集している。図書館用書籍として年間100タイトル以上を企画・編集している。主な作品は、「未来をつくる！　あたらしい平和学習」全5巻、「政治のしくみがよくわかる　国会のしごと大研究」全5巻、「海のゆたかさをまもろう！」全4巻、「『多様性』ってどんなこと？」全4巻（いずれも岩崎書店）など多数。

■デザイン・制作

（株）今人舎（矢野瑛子・佐藤道弘）

■校正

（株）鷗来堂

■写真提供

p23：ファーストリテイリング財団
p26：TOPPAN株式会社
p27：北海道新聞社

■写真協力

表紙：©iStock.com/lewkmiller
p11：Fast&Slow ／ PIXTA（ピクスタ）
p11：ziggy ／ PIXTA（ピクスタ）
p15：©iStock.com/Tzido
p18：©Vinicius Bacarin | Dreamstime.com
p19：©SlavkoSereda | Dreamstime.com
p25：写真：Richard A. De Guzman/アフロ

この本の情報は、2023年9月までに調べたものです。今後変更になる可能性がありますので、ご了承ください。

気づくことで 未来がかわる 新しい人権学習⑥外国人の人権って？　「外国人」って、だれのこと？　　NDC367

2024年2月29日　　第1刷発行

著　　　稲葉茂勝
編　　　こどもくらぶ
発行者　小松崎敬子
発行所　株式会社 岩崎書店　　〒112-0005　東京都文京区水道1-9-2
　　　　　　　　　　　　　　　電話　03-3813-5526（編集）　03-3812-9131（営業）
　　　　　　　　　　　　　　　振替　00170-5-96822
印刷所　広研印刷株式会社　　製本所　大村製本株式会社

32p 29cm×22cm
ISBN978-4-265-09155-3

気づくことで 未来がかわる
新しい人権学習

❶そもそも人権って、なに?
無視じゃない!

❷子どもにだって人権はある!
ぼくもヤングケアラー?

❸考えよう! 障がい者の人権
マリア先生は宇宙人?

❹年をとると人権が少なくなるの?
オムツなんていやですからね

❺女性の人権問題とは?
人権問題? おおげさじゃないの?

❻外国人の人権って?
「外国人」って、だれのこと?

全**6**巻

著/稲葉茂勝